AF356465

CATALOGUE

DE

QUINZE TAPISSERIES

DONT

DEUX RENAISSANCE

SEPT DES FLANDRES

A sujets tirés de l'histoire de Salomon

D'APRÈS RUBENS

SIX VERDURES D'AUBUSSON

DU XVIIIe SIÈCLE

Et d'un

GORGERIN LOUIS XIII, en cuivre repoussé

PROVENANT

du Château de GAUSSAN, près Narbonne

Et dont la vente aura lieu

HOTEL DROUOT, SALLE N° 1

Le Samedi 24 Mars 1900

à quatre heures

<table>
<tr><td>COMMISSAIRE - PRISEUR
M° SAUVAT
52, boulevard des Batignolles, 52</td><td>EXPERTS
MM. MANNHEIM
7, rue Saint-Georges, 7</td></tr>
</table>

EXPOSITION PUBLIQUE

Le Vendredi 23 Mars, de 1 heure 1/2 à 5 heures 1/2.
Et le Jour de la Vente, de 1 heure 1/2 à 4 heures.

CONDITIONS DE LA VENTE

La vente sera faite au comptant.

Les acquéreurs payeront *cinq pour cent* en sus des prix d'adjudication.

Paris. — Imp. de l'Art. E. Moreau et Cⁱᵉ, 41, rue de la Victoire.

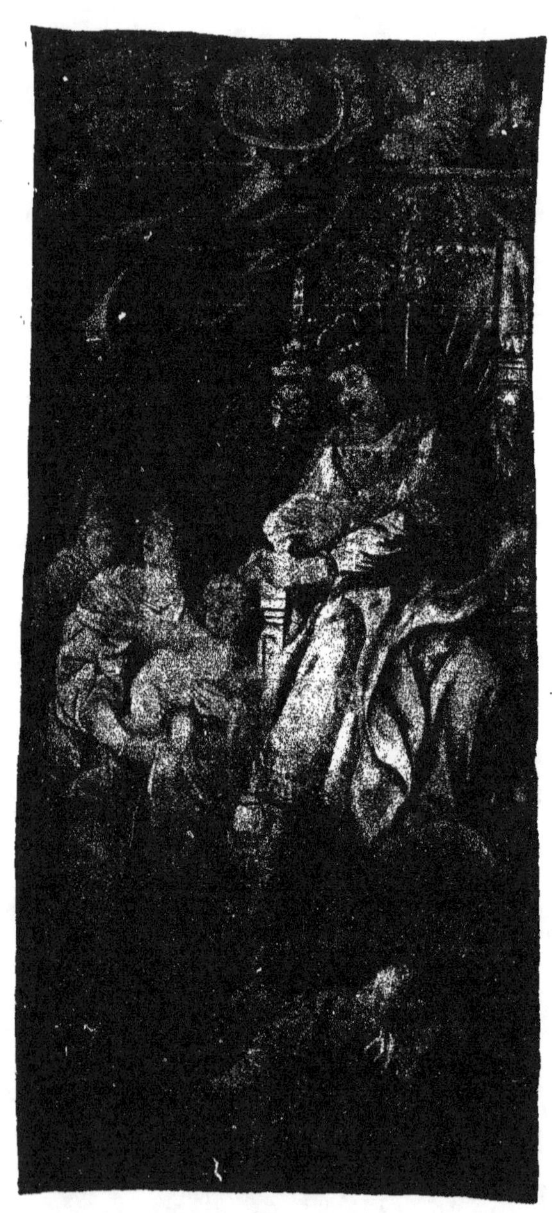

TYPE DES N°s 8 et 9

DÉSIGNATION

TAPISSERIES

1 — Tapisserie Renaissance, à sujet de personnages dans un paysage avec château. Bordure composée de personnages, groupes de fruits et fleurs.

Haut., 2 m. 95; larg., 2 m. 40.

2 — Tapisserie de la fin du XVIᵉ siècle, représentant dans un paysage et sur le premier plan un chariot traîné par deux chevaux, et portant des inscriptions en vieux français. Bordure d'ornements, figures et oiseaux sur fond clair.

Haut., 3 m. 60 ; larg., 3 m. 65.

3 à 9 — Sept tapisseries des Flandres du XVIIᵉ siècle, représentant diverses scènes tirées de l'Histoire de Salomon d'après des cartons de RUBENS.

Elles sont encadrées de larges bordures composées de cartouches, de groupes de fruits et de figures de génies ailés.

Elles seront vendues séparément.

No 3. Haut., env. 3 m. 90 ; larg., env. 4 m. 80.

No 4. Haut., env. 3 m. 90 ; larg., env. 3 m. 90.

No 5. Haut., env. 3 m. 85 ; larg., env. 3 m. 50.

No 6. Haut., env. 3 m 90 ; larg., env. 2 m. 65.

No 7. Haut., env. 3 m. 90 ; larg., env. 2 m. 60.

No 8. Haut., env. 3 m. 90 ; larg., env. 1 m. 83.

No 9. Haut., env. 3 m. 95 ; larg., env. 1 m. 75.

N. B. Les numéros 8 et 9 n'ont pas de bordures sur les côtés.

10 à 13 — Quatre tapisseries verdures avec monuments, cours d'eau, oiseaux, etc. Bordures de fleurs. Aubusson xviiie siècle.

Elles seront vendues séparément.

No 10. Haut., env. 2 m. 90 ; larg., env. 6 m.

No 11. Haut., env. 2 m. 90 ; larg., env. 5 m. 80

No 12. Haut., env. 2 m. 90 ; larg., env. 2 m. 30

No 13. Haut., env. 2 m. 90 ; larg., env. 1 m. 35

14 - 15 — Deux portières provenant de la même suite que les tapisseries qui précèdent.

No 14. Haut., 2 m. 90 ; larg., 2 m. 65.

No 15. Haut., 2 m. 90 ; larg., 1 m. 60.

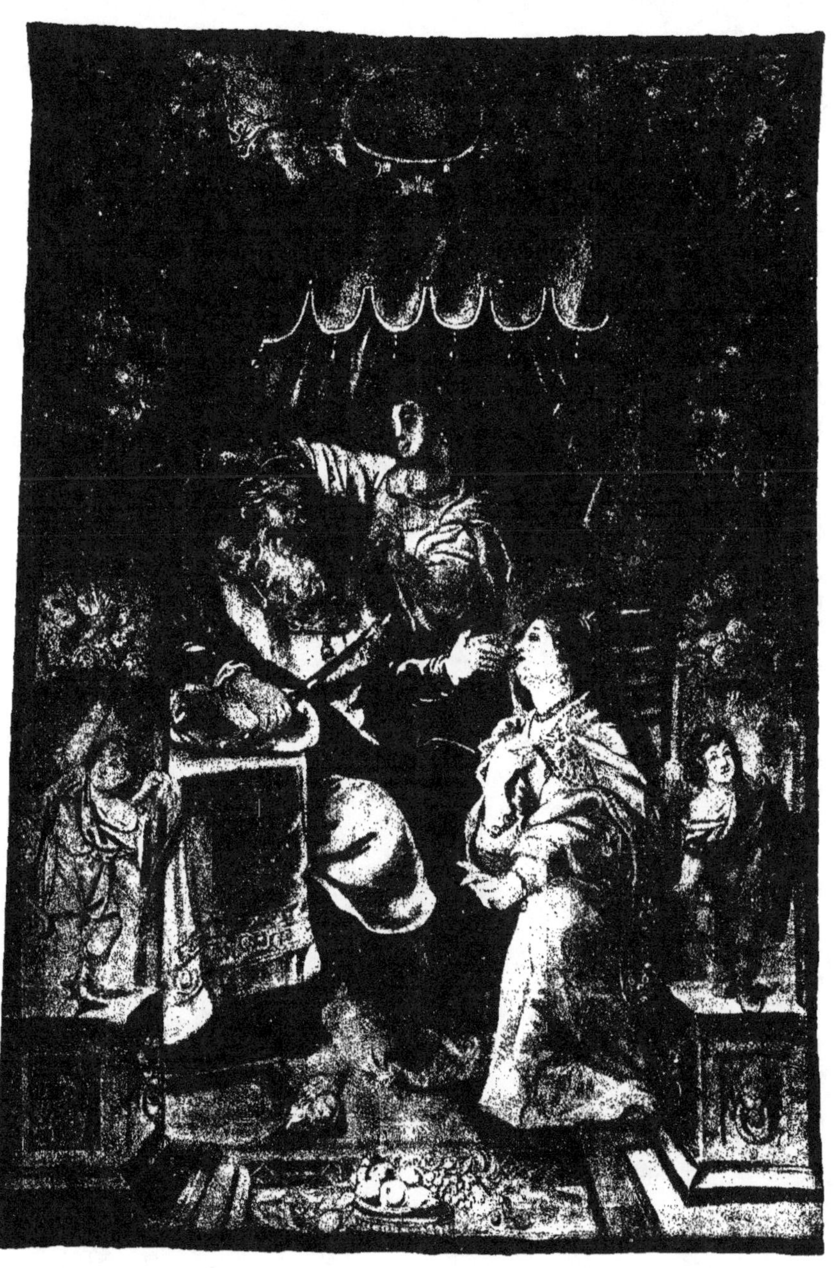

TYPE DE LA SÉRIE N°s 3 à 7

GORGERIN

16 — Gorgerin, en deux parties, du temps de Louis XIII, en cuivre repoussé et doré.

Sur la partie qui couvre la gorge et dans un médaillon ovale est un cavalier au galop, vêtu à la romaine et armé d'un glaive. Au pourtour sont des trophées d'armes et des têtes de chérubins.

Le dos du colletin présente au pourtour un décor analogue. Le médaillon du centre qui a été rapporté offre le buste de Henri IV, coiffé d'un casque garni de plumes, de profil à gauche.

Cette pièce a conservé une partie de sa garniture de velours vert.

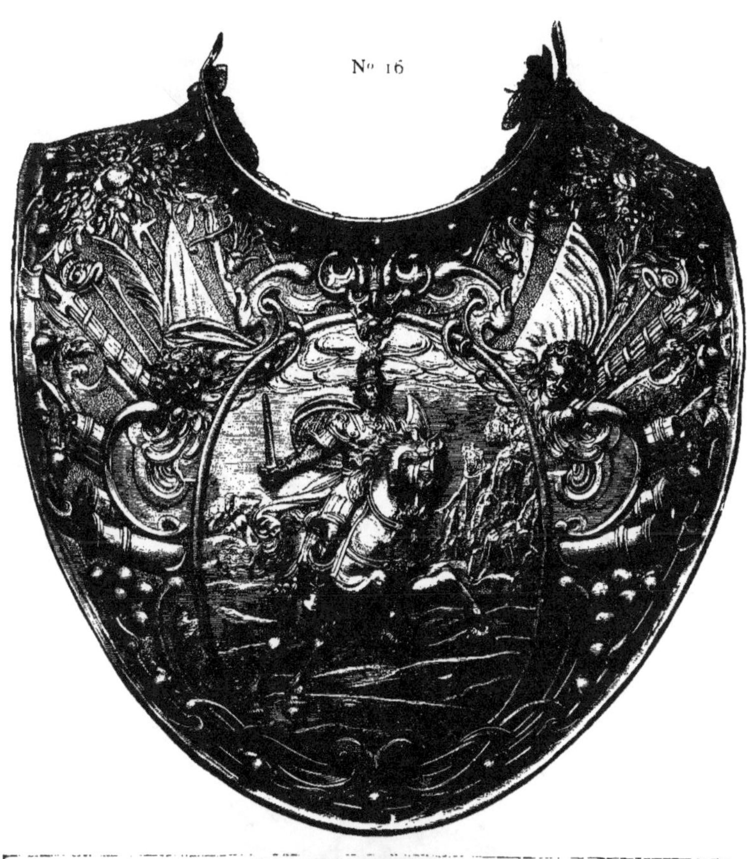

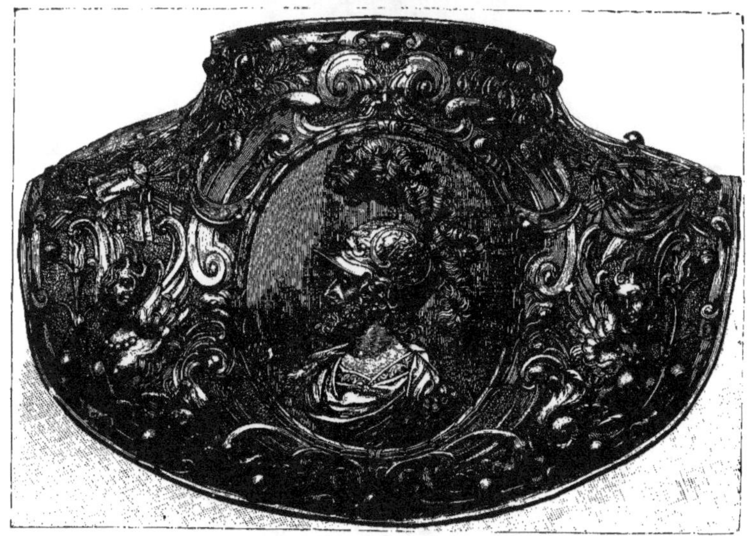

Nº 16